AF143625

BEI GRIN MACHT SICH IHR WISSEN BEZAHLT

- Wir veröffentlichen Ihre Hausarbeit, Bachelor- und Masterarbeit

- Ihr eigenes eBook und Buch - weltweit in allen wichtigen Shops

- Verdienen Sie an jedem Verkauf

Jetzt bei www.GRIN.com hochladen und kostenlos publizieren

Gerd Berner

Ausführliche Erläuterungen zur Metapher für Oberstufenschüler und Studienanfänger

GRIN Verlag

Bibliografische Information der Deutschen Nationalbibliothek:

Die Deutsche Bibliothek verzeichnet diese Publikation in der Deutschen National-
bibliografie; detaillierte bibliografische Daten sind im Internet über http://dnb.d-
nb.de/ abrufbar.

Impressum:

Copyright © 2012 GRIN Verlag, Open Publishing GmbH
Druck und Bindung: Books on Demand GmbH, Norderstedt Germany
ISBN: 978-3-656-15290-3

Dieses Buch bei GRIN:

http://www.grin.com/de/e-book/189466/ausfuehrliche-erlaeuterungen-zur-metapher-
fuer-oberstufenschueler-und

GRIN - Your knowledge has value

Der GRIN Verlag publiziert seit 1998 wissenschaftliche Arbeiten von Studenten, Hochschullehrern und anderen Akademikern als eBook und gedrucktes Buch. Die Verlagswebsite www.grin.com ist die ideale Plattform zur Veröffentlichung von Hausarbeiten, Abschlussarbeiten, wissenschaftlichen Aufsätzen, Dissertationen und Fachbüchern.

Besuchen Sie uns im Internet:

http://www.grin.com/

http://www.facebook.com/grincom

http://www.twitter.com/grin_com

Ausführliche Erläuterungen zur Metapher, für Oberstufenschüler und Studienanfänger zusammengestellt von Gerd Berner, M. A., StD a. D.

M e t a p h e r: gr. metaphora: Übertragung; eine Figur bildhaften Sprechens, die Verwendung eines Wortes nicht im eigentlichen (lexikalischen), sondern im (uneigentlichen) übertragenen Sinn; die Übertragung eines Wortes in eine kon-textuelle Bildvorstellung unter Beibehaltung eines Ähnlichkeitsbezuges.

Ein Einzelwort kann keine (echte) Metapher sein, sie braucht einen „Lendenschurz als Kontext" (so Harald Weinrich) und bedarf eines „Reitersprungs der Phantasie" (Federico Garcia Lorca). Die m. E. beste Definition hat Harald Weinrich in „Semantik der kühnen Metapher"[1] gegeben: „Eine Metapher ist ein Wort in einem Kontext, durch den es so determiniert wird, dass es etwas anderes meint, als es bedeutet." Demzufolge hat der Verfasser im schulischen Alltag der gymnasialen Oberstufe drei Arten von Metaphern unterschieden:

a) verblasste oder tote Metaphern, die in die Alltagssprache eingegangen sind, wie auch schon Jean Paul unseren täglichen Wortschatz „eine Sammlung erblasseter Metaphern" genannt hat, und die nicht mehr als solche wahrgenommen werden, wie Flussarm, Stuhlbein, Flaschenhals oder Autoschlange.

b) konventionelle Metaphern:

* Wenn ein listiger Fuchs durch eine spitze Bemerkung trotz fauler Ausrede etwas auf dem Kerbholz hat, so bleibt das Auge des Gesetzes, mit trockenem Humor, aber vor Wut kochend und mit eisigem Blick, ob die Sonne scheint oder der Himmel weint, am Ball, wartend, dass ein Stein des Anstoßes ihm zum Quell der Freude werde - das sind 13 konventionelle Metaphern.

c) echte oder kreative oder kühne Metaphern:

In der so verstandenen Metapher wird das Gemeinte durch eine bildliche Vorstellung zum Ausdruck gebracht, die aus einem anderen Bereich als das Bild stammt und im Gegensatz dazu keine reale Beziehung zum Gemeinten hat, sie kombiniert also ohne Abbildungsfunktor (wie, als ob, gleichsam) etwas für unvereinbar Geltendes und signalisiert als suggestive Direktfügung ihre Intention nur innerhalb des Kontextes, ist somit „eine widersprüchliche Prädikation" (Weinrich). „Wenn in der Metapher *„Du bist die Rose vom Wörthersee"* das *„Du"* keine wirkliche Rose ist, ist die damit verbundene Prädikation widersprüchlich."[2] Eine ähnliche Meinung hat in der Bochumer Diskussion über die Metapher auch der angesehene Anglist der Ruhruniversität Bochum Ulrich Suerbaum vertreten: „Wie die Ironie dadurch etabliert wird, dass der Kontext die Diskrepanz zwischen Gesagtem und Gemeintem aufdeckt, so wird die Metapher dadurch determiniert, dass der Kontext die Nicht-Identität des semantisch Identifizierten deutlich macht. *Der König war ein Löwe* ist nur metaphorisch, wenn der König kein Löwe ist. Gesunkene Metaphern (Exmetaphern, Metaphernleichen), bei denen die Kontextsignale der Nicht-Identität fehlen, sind keine Metaphern."[3]

Ich habe oben meine Begriffsbestimmung der Metapher in Anlehnung an Harald Weinrich vorgenommen. Wer seine Argumentation im Einzelnen nachlesen und nachvollziehen möchte, kann das in den Literaturangaben unter (1) und (2) tun. Ein wohl leichter zugänglicher, wenn auch kürzerer Text über die Semantik der kühnen Metapher findet sich in dem Cornelsen-Lesebuch „Texte, Themen und Strukturen".[4]

Hier erklärt Weinrich den Metaphernbegriff an dem Verlaine-Gedicht „Clair de lune", das mit einer Identifikationsmetapher so beginnt: „Eure Seele ist eine erwählte Landschaft."

Davon ausgehend habe ich wiederholt, in Übereinstimmung mit meinem lang-jährigen Kollegen Bernhard G., meinen Schülern die Metapher durch dieses Tafelbild zu erklären vermocht:

Eine
Metapher ist zugleich   (nach Harald Weinrich)

Kontextdetermination   - kein Einzelwort
                           - immer Wort und Kontext
                           - stets k o n t e x t g e b u n d e n
                           - oft ein kleines Stück oder der ganze Text

Bedeutungsreduktion   - meint R e d u k t i o n der ursprünglichen
                           Wortbedeutung

Konterdetermination   - Spannung zwischen der ursprünglichen Wortbedeutung
                           und der neuen, unerwarteten Kontextbedeutung
                   -     Enttäuschung der in der Wortsemantik angelegten
                           Determinationserwartung
                           - der Kontext erzwingt eine außerhalb der ursprünglichen
                           Wortbedeutung liegende
                           K o n t e r d e t e r m i n a t i o n

---

Aus diesen Einzelaspekten ergibt sich, dass „die tatsächliche Determination des Kontextes gegen die Determinationserwartung des (Einzel-) Wortes gerichtet ist." Mit diesen drei in einem Tafelbild festgehaltenen Merkmalen ist die Metapher „definierbar als ein" in seiner Bedeutung reduziertes „Wort in einem konter-determinierenden Kontext."[5]

Ich greife eine Stelle aus Umberto Ecos 2000 erschienenem Roman „Baudolino" heraus, um die Praktibilität des Weinrichschen Erklärungsschemas aufzuzeigen: Man schreibt das Jahr 1204. Konstantinopel brennt lichterloh. Inmitten des Untergangs erzählt uns ein gewisser Baudolino aus dem Piemont seine unglaubliche Lebensgeschichte. Er ist von Barbarossa adoptiert worden und befolgt am kaiser-lichen Hofe vor allem diesen Rat des Bischofs Otto von Freising: „Willst du ein Mann der Schrift werden, so musst du auch lügen und Geschichten erfinden können, sonst wird deine Historia langweilig." Was ist nun wahr, und was ist gelogen von dem, was Baudolino erzählt? Seinem Bericht zufolge studierte er zunächst in Paris Semiotik, den Rotwein und die Frauen. Im sechsten Kapitel hören wir von einer, „sie", das ist Beatrix, die Gemahlin des Kaisers[6]:

ontextdetermination:

Und für alle diese Ausgaben
schickte sie vierzig Susaner Solidi,
eine Summe,
die ausreichte,
um einen Ochsen zu kaufen.
...   .
...   .
Doch der Poet war ein kostspie-
liger Freund; denn die Menge
Weines, die er vertrug, ließ den
Susaner Ochsen zusehends
abmagern.

die stattliche S u m m e Geldes
im Wert eines fetten Ochsen

erfährt eine R e d u k t i o n
ihrer semantischen Bedeutung
in der

K o n t e r d e t e r m i n a t i o n
zu einem nicht erwarteten
Begriff in e i n e m Ausdruck:
aus der Summe ist ein spindel-
dürrer O c h s e geworden

Hugo Friedrich hat den Wandel über die Kontext- zur Konterdetermination eine „Abbreviatur des Bedeutungsumfanges" genannt, doch abbreviieren will auch ich an dieser Stelle, denn sonst erzähle ich noch, wie Baudolino nach der Zerstörung Mailands mithilft, die Legende der Heiligen drei Könige zu erfinden, deren einer in Wirklichkeit eine Frau war ...

Der Tisch aus Stundenholz, mit
dem Reisgericht und dem Wein.
Es wird
geschwiegen, gegessen, getrunken.

Eine Hand, die ich küsste,
leuchtet den Mündern.

Dieses
kurze Gedicht „Eine Hand" aus der Anthologie „Sprachgitter" von Paul Celan   enthält zwei Metaphern:

in Zeile 1 steht die eine: „der Tisch aus Stundenholz",
in Zeile 5/ 6 findet sich die zweite:
„eine Hand ... leuchtet den Mündern".

So einfach erkennt man Metaphern ...

Wer jetzt aufschreit, der lese John Hawkes' 1964 erschienene Erzählung „Second Skin": „Der Schrei ... der zwischen meinen Zähnen eingeklemmt saß, war eine schwarze Fledermaus, die verzweifelt in meinem aufgeblähten Mund kämpfte und zappelte ... mit zusammengepressten Augen und Lippen wusste ich, dass jeden Augenblick die schleimige schwarze Spitze des skelettartigen Flügels sichtbar werden musste." Oder er tröste sich mit der Tagebuchnotiz von Franz Kafka: „Ich wärme mich daran in diesem traurigen Winter. Die Metaphern sind eines in dem vielen, was mich am Schreiben verzweifeln lässt."[7]

Ich habe, vereinfachend, die Metapher stets mit einem dem Geschichtsunterricht entlehnten Satz von Karl Marx und Friedrich Engels aus ihrem 1848 veröffentlichten „Manifest der kommunistischen Partei" erklärt:

* Mögen die herrschenden Klassen vor einer Kommunistischen Revolution zittern. Die Proletarier haben nichts in ihr zu verlieren als ihre Ketten. Sie haben eine Welt zu gewinnen."[8]

<u>Begründung</u>: das Nomen „Ketten" ist hier nicht im gegenständlich-konkreten Sinn zu verstehen, Marx meint nicht „Kette" im ursprünglichen Sinn des Wortes, wie es im Lexikon erklärt wird (vier Bedeutungen: 1. Jagd, 2. Kunsthandwerk, 3. Militär, 4. Technik, 5. Textil – dafür benötigt das dtv-Lexikon Band 11, München 2006, S. 309, vierundzwanzig Zeilen), sondern er verbildlicht damit die Bedingungen der Lohnsklaverei, unter denen die Proletarier im antagonistischen Gesellschaftssystem des Kapitalismus zu leben gezwungen sind. Er nennt nicht die einzelnen ökono-mischen Erscheinungsformen der bourgeoisen Ausbeutung, sondern verallgemeinert diese im Begriff der Lohnsklaverei. Er gebraucht also einen verallgemeinernden Begriff, bleibt aber nicht bei der Abstraktion stehen, sondern führt diese wieder auf die Ebene der Anschaulichkeit, ins Konkrete zurück, er verbildlicht sozusagen die Vorstellung des Gefesseltseins im Begriff „Kette"; bei der Fügung „in Ketten legen" denkt man ja automatisch an das Bild der aneinander geketteten schwarzen Sklaven aus Afrika, diese Sicht wird suggeriert durch die Bedeutung des traditionellen Bildes ‚Kette' und ‚Sklave"; die Ähnlichkeit dieses Bildes haftet der Marxschen Metapher unterschwellig an; seit Aristoteles galt die Metapher als verkürzter Vergleich, und auch Cicero nannte sie einen in ein Wort komprimierten Vergleich. Marx' Werke sind übrigens eine Goldgrube für Metaphern (das war schon wieder eine) .

Ich hätte ebenso gut die folgenden Sätze aus dem „Manifest" wählen können:

* Ein Gespenst geht um in Europa – das Gespenst des Kommunismus. (Marx/ En-gels)[9]

* Die Bourgeoisie .. produziert vor allem ihre eigenen Totengräber. (Marx/ Engels)[10]

Oder:
* Der revolutionäre Sturmwind, der in Russland den Absolutismus vom Felde der Geschichte fegt, beginnt in Deutschland an den politischen Zwingburgen der Geldsackparlamente zu rütteln. (Clara Zetkin)[11]

Ein anderer Germanist, Jürgen Nieraad, hat einen Beitrag „Methoden der Metaphernuntersuchung" veröffentlicht.[12] Dort greift er Heines Metapher „des Mundes Röselein" auf.[13] Sein methodischer Weg unterscheidet sich nicht wesent-lich von dem Weinrichschen. Ich will ihn aber zur Verdeutlichung an der von ihm als Schülerübung gedachten Heine-Zeile nachvollziehen und an drei weiteren Beispielen aus dem Cornelsen-Lesebuch die Übereinstimmung beider aufzeigen:

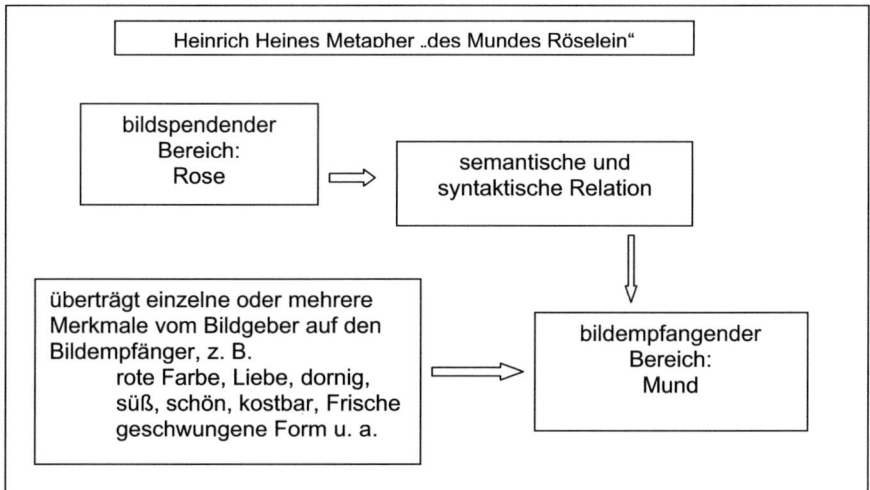

Aus dem bildspendenden Bereich werden alle Assoziationen wie dornig, nicht pflegeleicht, winterfest, hoher Kaufpreis o. ä. ausgeschieden, nur einige der von mir genannten Merkmale werden auf den bildempfangenden Bereich übertragen.

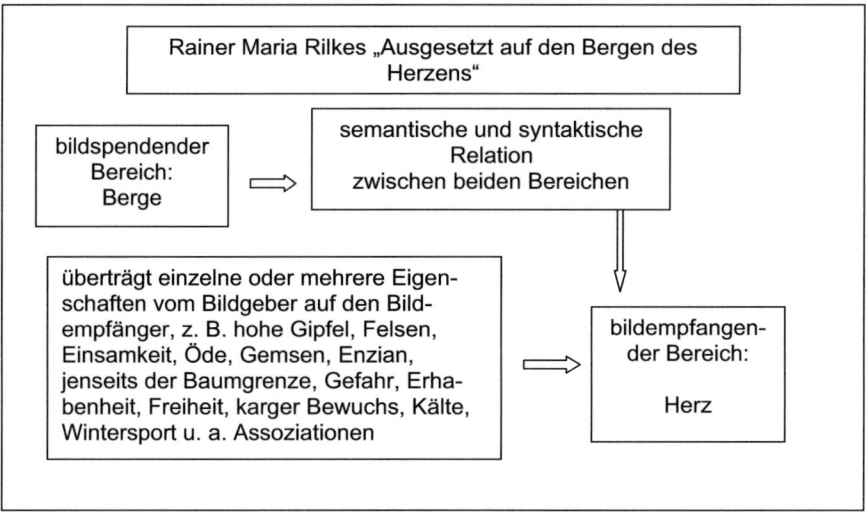

Die ersten vier Zeilen des Kontextes schließen alle assoziativen Konnotationen des Bildspenders „Berge" im Hinblick auf Fremdenverkehr o. ä. aus und grenzen den bildspendenden Bereich der schneebedeckten Gipfel ein auf eine einsame, menschenleere Seelenlandschaft.[14]

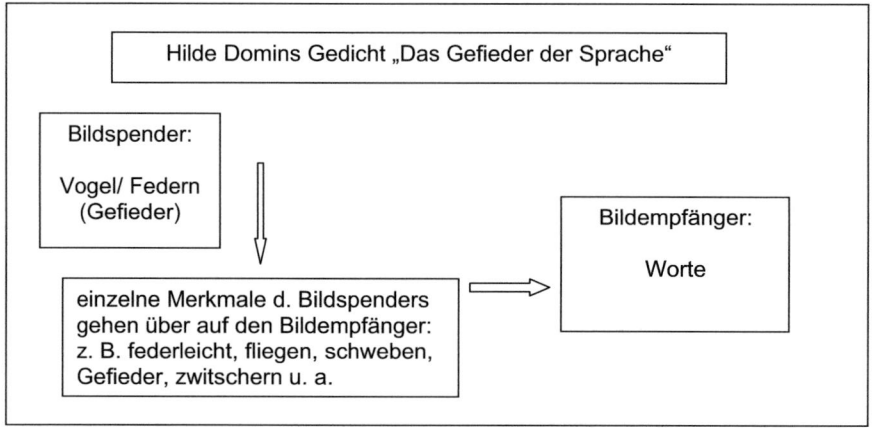

Der Kontext „Das Gefieder der Sprache streicheln
Worte sind Vögel
mit ihnen
davonfliegen." zeigt, welche Eigenschaften oder Merkmale aus dem ursprünglichen Konnotationsfeld des Begriffs „Gefieder" als des bildspendenden Bereiches auf den bildempfangenden Bereich übergegangen sind.

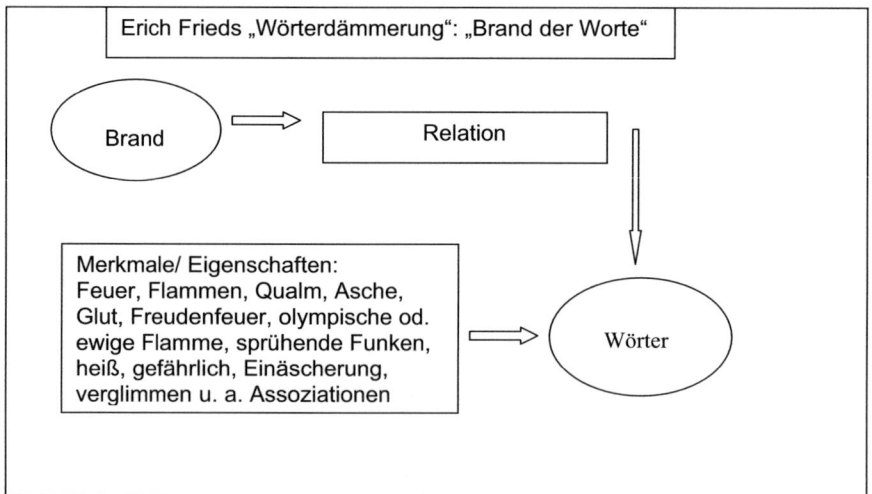

Erich Fried überschrieb sein Gedicht „Wörterdämmerung" (1968). Es lautet, verkürzt, so:

Wörterdämmerung (1968)

1   Brand der Worte:
2   vertrocknete flackern auf
3   stockfleckige qualmen
4   geblähte Prunkworte platzen
...
13   Nun brennen auch sie
14   In den Flammen der ältesten Worte
15   Augen fliegen davon
16   etwas klirrt in der Asche

Die Reduktion der Bedeutungsfülle von Brand auf die Merkmale ‚aufflackern' (Z. 2), ‚qualmen' (Z. 3), ‚knistern und sprühen' (Z. 8), ‚brennen' (Z. 13), ‚Flamme' (Z. 14) und ‚Asche' (Z. 16) zeigt den neuen, durch den Kontext bewirkten Bedeutungsumfang des Bildempfängers „Wörter" bei Fried im Gegensatz zu der kontextuellen Verwendung bei Domin und Bienek.

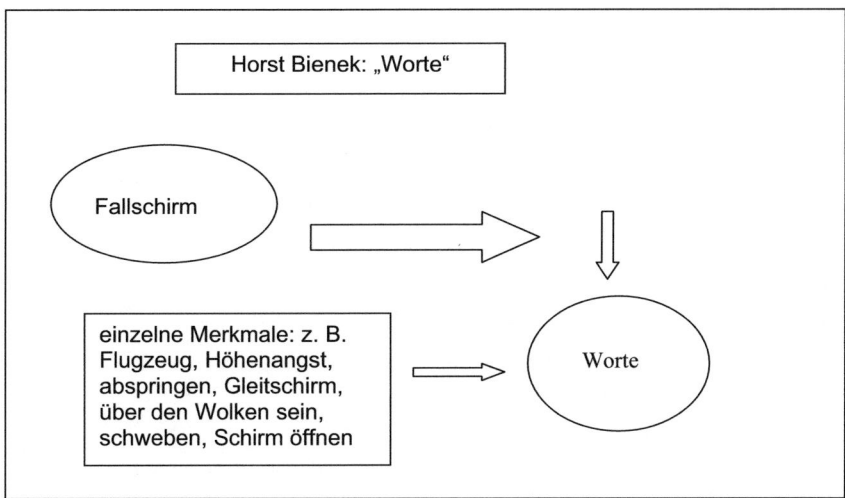

Der Kontext von Bieneks Gedicht:

Worte
meine Fallschirme
mit euch
spring
ich
ab
wer euch richtig öffnet
schwebt.

Das kleine, 1974 veröffentlichte Gedicht „Worte" ist kein Figurengedicht. Man kann an diesem Beispiel aber gut sehen, wie der Kontext den vielfältigen Bedeutungsumfang des mit ‚Fallschirm' Assoziierten (der sich ja mit Möllemann und abstürzen – das wäre, wenn man das Verb nicht wörtlich nimmt, eine neue Metapher – noch erweitern ließe) reduziert und einen unerwarteten Bedeutungsumfang eröffnet.

Diese Textbeispiele entstammen dem Lesebuch „Texte, Themen und Struktu- ren"[13]. Ich habe sie im Zuge des für die gymnasiale Oberstufe an meiner Schule obligatorischen Deutsch-Curriculums oft genutzt, um meinen Schülern anhand der Graphik die Relationen zwischen dem bildspendenden und dem bildempfangenden Bereich zu zeigen, sie haben meist den bildgebenden Bereich bei den ausgewählten Metaphern mit mehr Konnotationen gefüllt, als ich in meine Graphiken oben einfügen konnte. Und: eigentlich müsste jetzt jeder verstanden haben, wie man Metaphern erkennt.

* In einem großen Land lebte einmal ein Kaufmann ... Zu Hause eilte er sogleich zu einem Spiegel. Da sah er etwas Schreckliches: Aus dem Spiegel entgegen blickte ihm das Gesicht eines *Tigers* (das ist eine <u>Metapher</u>). Er hatte ein neues Gesicht bekommen! Er sah aus wie ein Tiger! (das ist ein <u>Vergleich</u>). Nachlesen kann man die ganze schreckliche Verwandlung eines Kapitalisten in dem Prosastück „Ein neues Gesicht" von Bertolt Brecht.[15]

Und jetzt noch ein bunter Strauß geernteter Metaphern (schon wieder eine!):

* Denn jede Zeit ist eine Sphinx, die sich in den Abgrund stürzt, sobald man ihr Rätsel gelöst hat (Hei)
* Sie leben in einem Paradies der Dummheit, und ihr Ideal ist der Hohn. Es kommen kalte Zeiten ... (Hor)
* Ich frage mich, wie jemand, dem der Koran, diese Stiftungsurkunde einer archaischen Hirtenkultur, heilig ist, auf dem Boden des Grundgesetzes stehen kann (Gio)
* In uns allen schläft ein kleiner SS-Mann. Adolf Hitler und seine syphilitische Bande haben nichts zu tun mit der preußischen Geschichte (Dominique Bourel 2007)
* Wolken zogen rasch über den Mond; bald alles im Finstern, bald zeigten sie die nebelhaft verschwindende Landschaft im Mondschein. Er [i. e. Lenz] rannte auf und ab. In seiner Brust war ein Triumphgesang der Hölle (Büch)
* Und wir haben den *Wind der Geschichte* in unseren Segeln – so sprach nicht etwa der blechtrommelnde Oskar in Danzig, sondern ein anderer auf dem *linken* Parteitag am 24.05.2008; wehte ihm da der Wind ins Gesicht, auf- oder ablandig, ist er noch Steuermann? Jedenfalls glaubte er ein metaphorisches Wehen zu verspüren, vielleicht waren es ja auch nur *Wehen*, aber dieses ambige Nomen gehört zum Stilmittel der Diapher, ebenso wie die *linke* Andrea ...
* O Traum, Verdauung meiner Seele/ O du mein Schießgewehr./ Gick! Gack (Hod)
* Ausgesetzt auf den Bergen des Herzens (Ril)
* Ein letztes Gehöft von Gefühl (Ril)
* Der Himmel ist ein alter Schneemann./ In seinem Gesicht/ hocken Dächer und Schornsteine (Fu)
* Diese Satire wäre nicht so bissig geworden, wenn der Dichter mehr zu beißen gehabt hätte (Hei)
* Kein Mensch ist eine Insel (John Donne, 1624)
* Der Mensch ist nur ein Schilfrohr, das schwächste der Natur; aber er ist ein denkendes Schilfrohr (Pascal, 1670)

* Finde Blumen, die Steine wären! ... Ja, find in der schwarzen Gänge Herz Blumen, fast Steine (Rimbaud)
* Blasebalg der Seufzer (Dante)
* so sei der Mensch, Vulkan – dann Blume (JPau)
* Wenn die Liebe auf Stelzen/ über die Kieswege stochert/ und in die Bäume reicht,/ möchte ich auch gerne Kirschen/ in Kirschen als Kirschen erkennen (Gra)
* Astern – schwälende Tage,/ alte Beschwörung, Bann,/ die Götter halten die Waage/ eine zögernde Stunde an (Ben)
* Das Leben ist nur das Schellenkleid, das das Nichts umgehängt hat, um damit zu klingeln und es zuletzt grimmig zu zerreißen und von sich zu schleudern (Bonav)
* ich teile die Empfindung, dass wir nur empfangen, was wir ausgeteilt haben, und sollten wir schrecklicher büßen, als wir gesündigt haben, so mag uns das Wort in den Ohren klingen, dass, wer da Wind säet, Sturm ernten wird (Man)
* Ich glaube, man sollte überhaupt nur solche Bücher lesen, die einen beißen und stechen. Ein Buch muss die Axt sein für das gefrorene Meer in uns. Das glaube ich (Kaf)
* Auf meinem Stuhl sitzt der kranke/ Gendarm. Sein Pfefferkuchengesicht/ zerbröckelt in Jahr und Tag (Fuchs)
* Ich bin ein Tiger im Regen/ Wasser scheitelt mir das Fell/ Tropfen tropfen in die Augen (SKir)
* der Menschen Gesichter, so viele Spiegel unendlicher Torheit (Morg)
* der in Christenkleidung durch die feindlichen Linien gelangte Almansor bekennt vor seinem Opfertod: Trotz Hut und Mantel bin ich doch ein Moslem,/ Denn in der Brust hier trag ich meinen Turban (Hei)
* in „Der goldene Topf" zeigt E. T. A. Hoffmann, wie sich für den Studenten Anselmus die alltägliche Wirklichkeit in eine metaphorische verwandelt, nachdem er sich auf einem Elbspaziergang gerade von dem Archivarius Lindhorst verabschiedet hat, der einen weiten Überrock mit Schößen trägt, in die der Wind hineinbläst, so dass es dem Studenten „vorkam, als breite ein großer Vogel die Fittiche aus zum raschen Fluge. – Wie der Student nun so in die Dämmerung hineinstarrte, da erhob sich mit krächzendem Geschrei ein weißgrauer Geier hoch in die Lüfte, und er merkte nun wohl, dass das weiße Geflatter, was er noch immer für den davonschreitenden Archivarius gehalten, schon eben der Geier gewesen sein müsse, unerachtet er nicht begreifen konnte, wo denn der Archivarius mit einemmal hingeschwunden. „Er kann aber auch selbst in Person davongeflogen sein, der Herr Archivarius Lindhorst", sprach der Student Anselmus zu sich selbst." –

Hoffmann kombiniert hier in der 4. Vigilie Reales und Irreales so, dass die Züge des enteilenden Archivars mit der Gestalt eines Geiers verschmelzen. Meine Münsteraner Lehrer Klaus Günther Just und Wolfgang Preisendanz haben damals von einer Metamorphisierung und Pananimismus gesprochen. Ich sehe hier aber bereits *kühne* M e t a p h e r n , denn der Allroundkünstler Hoffmann verwendet nicht-identifizierbare Bilder, wenn ein *blauer Blitz* aus einem Tintenklecks fährt, Feuer zur *festen eiskalten Masse* erstarrt oder der Kater aus einem *Tintenfasse, das auf dem Schreibtische* steht, springt und aus seinen Augen, die der Papagei ausgehackt hat, *brennende Gischt* spritzt.

Metaphern können neben ihrer textkonstitutiven und textstrukturierenden Funktion auch vor- und zurückverweisen und sich mit anderen Textelementen verbinden, sie bilden dann ein Metaphernfeld:

* Egon Erwin Kisch beschreibt in seiner Reportage „Unter den Obdachlosen von Whitechapel" eine Nacht in einem Londoner Asyl:

„Jetzt haben wir nicht mehr das Gefühl, in der *Hölle* zu sein; jetzt sind wir in einer *Gruft*. Vom Gewölbe brennen zwei oder drei Lämpchen düster und gespenstisch auf lange Reihen schwarzer *Särge* herab, die auf niedrigen *Katafalken* ruhen. Das sind – um sich des auf die Tür geschriebenen Euphemismus zu bedienen – die „Betten" ... Hundertzehn enge Truhen ... Darunter ein Polster und ein Betttuch aus Drellleinen ... Und schon beginnt der *Totentanz*. Meine Zimmerkollegen haben ihre Lumpen von sich geworfen, nun stehen die vielen, vielen *Gerippe* nackt oder in *Totenhemden* an ihren *Särgen* und lupfen ihr *Bahrtuch* zurecht. Dann schlüpfen sie in ihre *Ruhestätte*."[16]

Einzelne Interpreten differenzieren noch nach:
* Rollenmetaphorik: Gib acht! Mein Kopf! Ich habe unsere Liebe darin beigesetzt. Sieh zu den Fenstern meiner Augen hinein. Siehst du, wie schön tot das arme Ding ist? (Büch)
* Kompositionsmetapher: Wahlkampflokomotive, Waldsterben
* Synästhesiemetapher: Düfte gibt es, süß wie Oboen, grün wie Wiesen (Baudelaire)
* Eure Stimme war ein Weihrauchfass, das fremdartige Düfte verströmte (Oscar Wilde)
* Appositionsmetapher: Mein Gedicht ist mein Messer (Titel eines Taschenbuchs von Hans Bender aus dem Jahr 1961, im List-Verlag erschienen)
* Genitivmetapher: die Zungen der Sehnsucht (Cel), geometrische Blüten der Nacht (Heiß) *
Genitivmetaphern verwendet Kafka, wenn er seine innere Situation beschreibt mit der „doch immer nur angelehnten Tür des Wahnsinns", an die er „mit der Stirn" schlage, oder wenn er als vergeblich sich Verkriechender sich vor dem „Lärm des Lebens" verbirgt (Kaf)
* wo ein trübseliges Angedenken unter der Asche der Vergessenheit noch leise fortglimmt (Raa)
* Mehr noch als der Zahn der Zeit nagt am Kölner Dom der Zahn der Chemie (FR, 04.07.1980)
* Verbmetapher: unter dem Aussehen dieser Gegend, das so fremd vertraut flackerte wie die Sterne (Mu)
* Lichte dirnen aus dem Fenster, Die Steine feinden/ Fenster grinst Verrat/ Äste würgen (Str)

Das wäre eine Grammatik der Metapher. Sie unterscheidet Wortarten (Substantivmetapher, Verbalmetapher, adjektivische Metapher) und (von) syntaktische(n) Arten der Metapher (Genitivmetapher, metaphorische Prädikation wie: Du bist die Rose vom Wörthersee, metaphorischer Vergleich wie: Das Leben liegt in aller Herzen/ Wie in Särgen (E. Lasker-Schüler).
Auf eine solche Differenzierung habe ich im Unterricht stets verzichtet, ebenso auf die drei, in der deutschsprachigen Metaphernforschung verbreiteten Positionen der
- Substitutionstheorie (Metapher als Ersatz eines eigentlichen durch einen uneigentlichen Ausdruck)
- Vergleichstheorie (Metapher als verkürzter Vergleich mit zu erschließendem Tertium comparationis)
- Interaktionstheorie (Metapher als Interaktion zwischen Ausdruck und konterdeterminierendem Kontext).
Ich habe mich schlicht und einfach mit dem hier vorgestellten Metaphern-Modell des Cornelsen-Lesebuches „Themen, Texte und Strukturen" begnügt.

In expositorischen, also nichtfiktionalen Texten tauchen meist verblasste oder konventionelle, seltener oder nie kühne Metaphern auf; im folgenden Text beschreibt der Historiker Joachim Fritz-Vannahme die letzten Tage der Vierten Republik im Mai 1958:

Und was macht de Gaulle in diesem Augenblick? Der General weiß *alle Augen auf sich gerichtet*, beginnt sein *Spiel* und *hält* seine *Karten* tunlichst *bedeckt*. Ist er nun mit den meuternden Militärs (i. e. die Befürworter der Algérie francaise unter General Jacques Massu) oder gegen sie? Will er Algerien in die Freiheit entlassen oder weiter an Frankreich binden? Zwischen Colombey-les-deux-Églises und den *Ohnmachtszentralen* in Paris zirkulieren die Depeschen und Emissäre, und nicht nur in Richtung Hauptstadt, auch gen Algier *spinnt* der General mit Hilfe seiner Getreuen *die Fäden*. (Die ZEIT Nr. 23, 2008)

* Man kann die Metapher aber auch auf die leichte Schulter nehmen wie Heinrich Heine in den „Memoiren des Herrn von Schnabelewopski"[17], wo er Stilmittel verschwendet:

„Hamburg ist erbaut von Karl dem Großen und wird bewohnt von   80 000 kleinen Leuten, die alle mit Karl dem Großen, der in Aachen begraben liegt, nicht tauschen würden. ... Auch habe ich gewiss manchen Mann übersehen, indem die Frauen meine besondere Aufmerksamkeit in Anspruch nahmen. Letztere fand ich durchaus nicht mager, sondern meistens sogar korpulent, mitunter reizend schön, und im Durchschnitt, von einer gewissen, wohlhabenden Sinnlichkeit, die mir beileibe! nicht missfiel. Wenn sie in der romantischen Liebe sich nicht allzu schwärmerisch zeigen und von der großen Leidenschaft des Herzens wenig ahnen, so ist das nicht ihre Schuld, sondern die Schuld Amors, des kleinen Gottes, der manchmal die schärfsten Liebespfeile auf seinen Bogen legt, aber ... viel zu tief schießt, und statt des Herzens der Hamburgerinnen nur ihren Magen zu treffen pflegt. ... Zu den Merkwürdigkeiten der Stadt gehören: (auch) die schöne Marianne, ein außerordentlich schönes Frauenzimmer, woran der Zahn der Zeit schon seit zwanzig Jahren kaut – nebenbei gesagt, „der Zahn der Zeit" ist eine schlechte *Metapher*, denn sie ist so alt, dass sie gewiss keine Zähne mehr hat, nämlich die Zeit – die schöne Marianne hat vielmehr jetzt noch alle ihre Zähne und noch immer Haare darauf, nämlich auf den Zähnen."

Da Metaphern nie isoliert als Einzelwort, sondern immer in einem Kontext auftreten, sind sie mitunter auch mehr als eine bloße Metapher. Ich will das an zwei Textbelegen zeigen.

Der erste stammt aus den „Memoiren des Herrn von Schnabelewopski", wo Heinrich Heine über eine Hamburgerin schreibt, sie „war eine schöne Frau in ihren reifsten Jahren, große schwärzliche Augen, eine große weiße Stirne, schwarze fallende Locken, eine kühne altrömische Nase, und ein Maul, das eine Guillotine war für jeden guten Namen."[18]

Heine fährt dann fort: „In der Tat, für einen guten Namen gab es keine leichtere Hinrichtungsmaschine als Madame Piepers Maul; sie ließ ihn nicht lange zappeln, sie machte keine langwichtige Vorbereitungen; war der beste gute Name zwischen ihre Zähne geraten, so lächelte sie nur – aber dieses Lächeln war wie ein Fallbeil, und die Ehre war abgeschnitten und fiel in den Sack. Sie war immer ein Muster von Anstand, Ehrsamkeit, Frömmigkeit und Tugend."[18]

Guillotine ist eine Nominativmetapher, das Synonym Fallbeil ist keine, sondern ein Vergleich. Die monosyndetische, viergliedrige Reihung im letzten Satz ist ironisch gemeint.

Der zweite Beleg findet sich in Caput XVIII des Epos „Deutschland. Ein Winter-märchen", auch von Heine.

Ein Maul, das

eine Guillotine war

für jeden guten Na-
men

1) Nominativ- bzw. Appositionsmetapher
2) Allusion (Anspielung auf historische Ereignis-
se), hier auf die berüchtigte Maschine, die nach
1789 in Frankreich viele köpfte
3) Synekdoche: der Name als pars pro toto für
rechtschaffene Leute

Caput XVIII

1 Minden ist eine feste Burg,
2 Hat gute Wehr und Waffen!
3 Mit preußischen Festungen
        hab ich jedoch
4 Nicht gerne was zu schaffen.

1) Nominativ- bzw. Appositionsmetapher
2) Allusion auf
a) das Kirchenlied
b) die Demagogenverfolgung

12 Es trat an den Wagen ein Korporal

13 Und frug uns: wie wir hießen?

14 Ich heiße Niemand, bin Augenarzt

15 Und steche den Star den Riesen.

1) Allusion durch den Namen Z. 14
2) Nominativmetapher in Z. 14
3) Wortspiel in Zeile 15
4) Allusion auf politische Zustände
im Preußen des Deutschen Bundes
5) spottende Ironie

In der Eingangsstrophe von Caput XVIII ist „eine feste Burg" als Prädikatsnomen eine Nominativmetapher bzw. eine Appositionsmetapher. Bei diesem Grenz-verschiebungstropus ist die Distanz relativ gering zwischen dem wörtlichen (eigentli-chen) und dem nicht-wörtlichen (uneigentlichen) Sprachgebrauch.

Gleichzeitig sind die Zeilen 1 und 2 eine Allusion auf das 1529 in Wittenberg entstandene Luthersche Kirchenlied „ Ein feste Burg ist unser Gott,/ Ein gute Wehr und Waffen." Die beiden letzten Zeilen der ersten Strophe sind natürlich auch eine Anspielung auf die politische Wirklichkeit im Königreich Preußen, wo nach den von Metternich 1819 durchgesetzten Karlsbader Beschlüssen im Zuge der Demagogen-verfolgung viele freiheitsliebende Dichter und Denker freiwillig ins Exil gingen (wie Heine und Marx) oder im Fall ihrer Ergreifung zu Festungshaft verurteilt wurden (wie Fritz Reuter).

In der fünften Strophe (Z. 12-15) ist die erste Antwort des Ich-Erzählers „Niemand" eine Anspielung auf das homerische „Oudéis" (übers.: niemand), mit dem Odysseus dem Riesen Polyphem antwortet. „Augenarzt" als Prädikatsnomen ist wieder eine Nominativmetapher. Hätte der Erzähler nur gesagt: ich bin Augenarzt, wäre das schlicht nur eine falsche Aussage, eine Lüge gewesen. Er sagt aber: „Ich ... bin Augenarzt/ Und steche den Star den Riesen." Er gibt also vor, ein Doktor zu sein, der den Grauen Star (i. e. eine Augenerkrankung, die zu Blindheit führen kann) behandelt. Jetzt kommt das Wortspiel ins Spiel durch die doppeldeutige Prädikation in Z. 15: „ich steche den Star". Der umgangssprachlich oder als Redensart gebrauchte Ausdruck ‚den Star stechen' meint: jemanden aufklären, wie sich etwas in Wirklichkeit verhält. Heine will die Leute von ihrer Blindheit befreien, sie sehend machen für die politischen Verhältnisse im Deutschen Bund, wo zwischen dem Mord an Kotzebue 1819 und der Märzrevolution 1848 alle liberalen, sozialistischen und nationalen Strömungen als revolutionäre Umtriebe und demagogische Verbindungen geahndet wurden. Da in der Nominativmetapher „Augenarzt" das Ich kein wirklicher Augenarzt ist, ist die damit verbundene Prädikation widersprüchlich.

Oder anders gesagt: das Augenarzt-Ich wäre nur dann keine Metapher, wenn das Ich wirklich ein Dr. med. wäre – aber Heine war promovierter Jurist.

Gleichzeitig bedient Heine sich hier des Stilmittels der Ironie, da das Gegenteil des Gesagten gemeint ist. Diese Methode der Heineschen Ironie hat aber einen intellektuellen Anspruch, der Korporal ist mental nicht in der Lage, den gegenteiligen Aussagesinn des jungdeutschen bzw. vormärzlichen Reisenden zu erkennen. Er nimmt das Den-Star-Stechen für bare Münze und merkt nicht, dass er von einem revolutionär eingestellten Schriftsteller verspottet wird. Hätte der preußische Posten diese Zusammenhänge durchschaut, wäre es dem Reisenden schlecht ergangen. So hat er nur einen „Fiebertraum", erwacht „zu Minden im *schwitzenden* Bett" (das ist die herrliche Stilfigur der Prolepsis adiectivi) und begibt sich anderntags „auf bücke-burgischen Boden".[19]

Bei diesen Autoren habe ich meinen bunten Metaphern-Strauß gepflückt::

Umberto Eco	John Hawkes
Karl Marx	Friedrich Engels
Clara Zetkin	Bertolt Brecht
Heinrich Heine	Ödön von Horwarth
Bruno Giordano	Dominique Bourel
John Donne	Georg Büchner
Oskar Lafontaine	Jakob van Hoddis
Rainer Maria Rilke	Günter Bruno Fuchs
Blaise Pascal	Arthur Rimbaud
Dante Alighieri	Jean Paul
Günter Grass	Gottfried Benn
Bonaventura	Thomas Mann
Franz Kafka	Sara Kirsch
Christian Morgenstern	E.T.A. Hoffmann
Egon Erwin Kisch	Georg Büchner
Charles Baudelaire	Oscar Wilde
Helmut Heißenbüttel	Paul Raabe
Robert Musil	August Stramm
Else Lasker-Schüler	Paul Celan
Hilde Domin	Erich Fried
Horst Bienek	... ...

Anmerkungen

1) Harald Weinrich, Semantik der kühnen Metapher, in: Deutsche Vierteljahrsschrift für Literaturwissenschaft und Geistesgeschichte, Heft 37 (Metzler: Stuttgart) 1963, S. 325 ff.
oder kürzer in: Sprache in Texten, Klett: Stuttgart 1976, S. 317

2) Jürgen C. Thöming, Zur Bildlichkeit der fiktiven Ebene poetischer Texte, in: Grundzüge der Literatur- und Sprachwissenschaft, Band 1: Literaturwissenschaft, hg. v. Heinz Ludwig Arnold und Volker Sinemus, dtv: München ⁵1978, S. 195

3) rezitiert nach: Ingeborg Meckling, Metapher. Einführung in bildhaftes Denken und Schreiben, Diesterweg: Frankfurt/ M. 1987, S. 45

4) Texte, Themen und Strukturen. Deutschbuch für die Oberstufe, hg. v. Biermann/ Schurf, Cornelsen: Berlin 1999, S. 371 f.

5) Cornelsen-Lesebuch, S. 372

6) Umberto Eco, Baudolino. Roman. Aus dem Italienischen von Burkhard Kroeber, dtv: München 2003, S. 87

7) Franz Kafka, Tagebücher, hg. v. Max Brod, New York 1954, S. 550 f.

8) Karl Marx/ Friedrich Engels, Manifest der Kommunistischen Partei, Reclam: Leipzig o. J., S. 67

9) Karl Marx/ Friedrich Engels, Manifest der Kommunistischen Partei, Reclam: Stuttgart 2007, S. 19

10) a. a. O., S. 33

11) die Autorin leitete ihren Artikel „Heraus mit dem Frauenwahlrecht!" in der 1906 erschienenen Zeitschrift „Die Gleichheit" mit diesem Satz ein, rezitiert nach: Faulseit/ Kühn, Stilistische Möglichkeiten und Mittel der deutschen Sprache, VEB Bibliographisches Institut: Leipzig 1972, S. 235

12) Jürgen Nieraad, Methoden der Metaphernuntersuchung, in: Forschungen zur sprachlichen Metaphorik, Wissenschaftliche Buchgesellschaft: Darmstadt 1977, S. 43 ff.

13) die Texte von Bienek, Domin, Fried finden sich in: Cornelsen-Lesebuch, S 370

14) der vollständige Rilke -Text in: Rainer Maria Rilke, Werke in drei Bänden. Einleitung von Beda Allemann, Bd. 2, Insel: Frankfurt/ M. 1966, S. 94 f.

15) Bertolt Brecht, Prosa. Band 1: Geschichten, Aufbau-Verlag Berlin und Weimar 1973, S. 198 – oder in der Brecht-Ausgabe bei suhrkamp

16) rezitiert nach: Möglichkeiten und Mittel, S. 242

17) Heinrich Heine, Werke in vier Bänden, hg. v. Paul Stapf, Band 3, Birkhäuser-Verlag: Basel und Stuttgart 1956, S. 10 f.

18) Heine, Band 3, S. 13

19) Heine, Band 2, S. 141 f. und 144

20) wer sich noch intensiver mit Metaphern beschäftigen möchte, dem empfehle ich: Katrin Kohl, Metapher, Metzler: Stuttgart und Weimar 2007 (Sammlung Metzler Bd. 352)